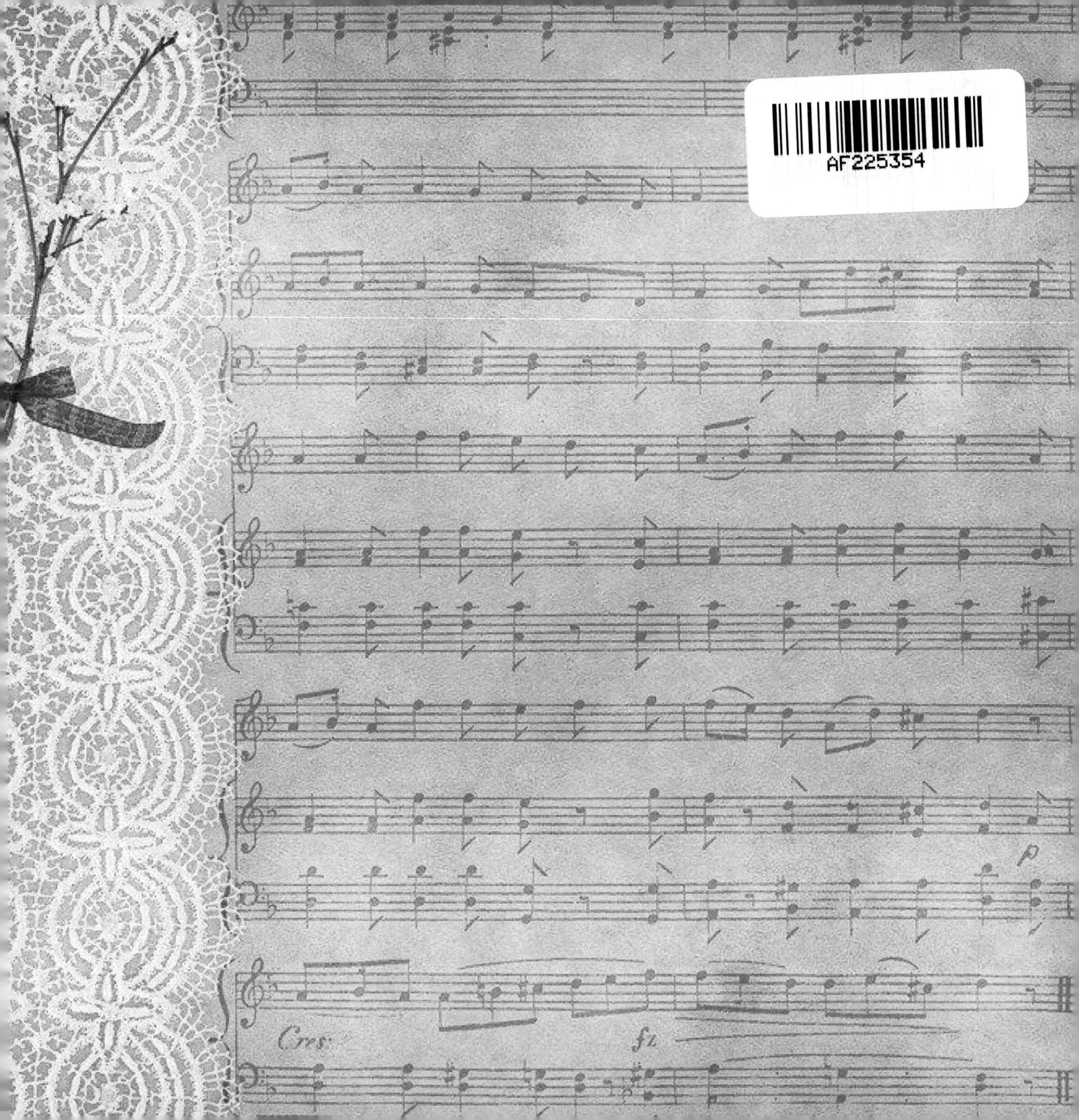
AF225354
Cres
fz

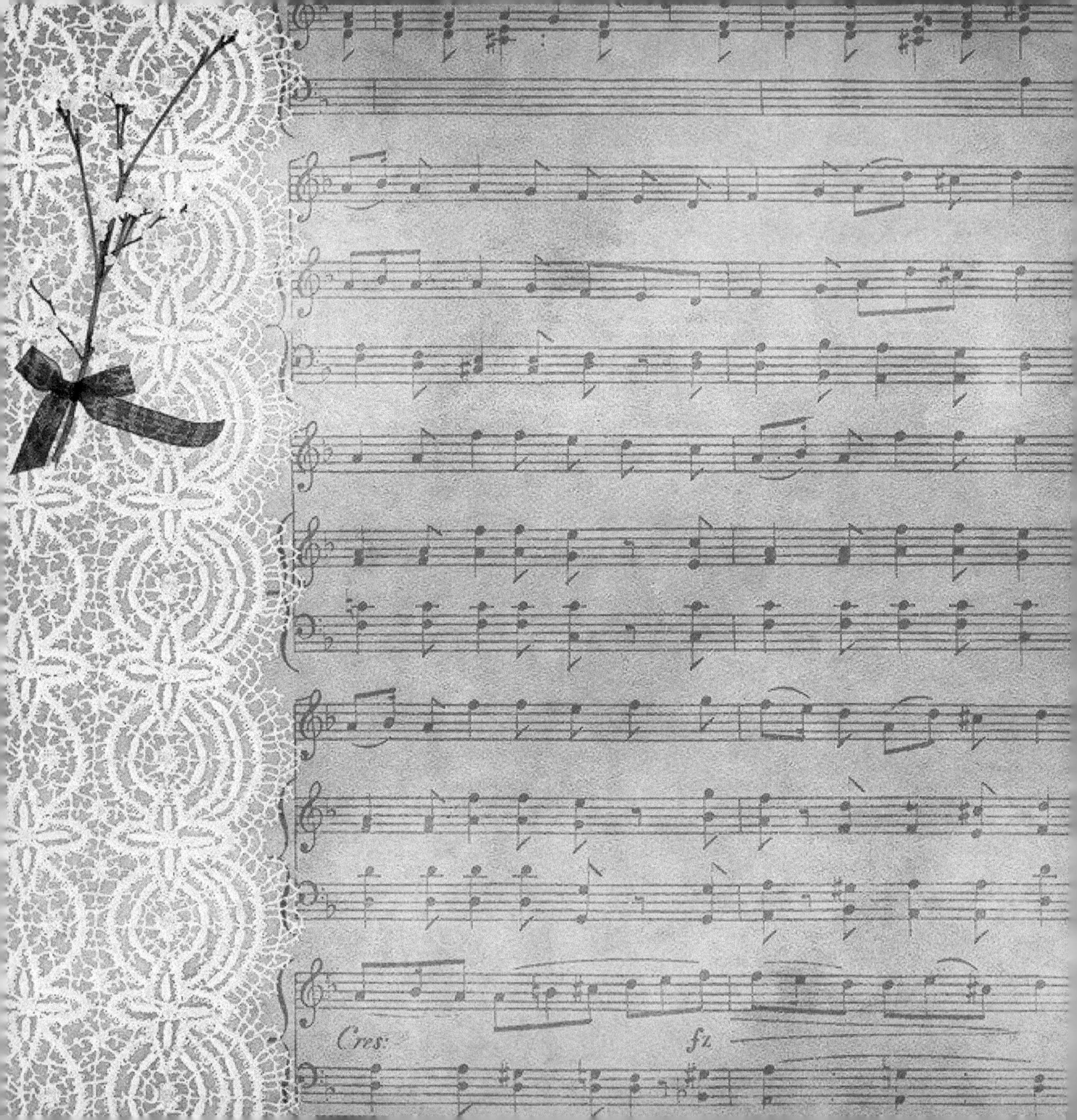

Cres:
fz

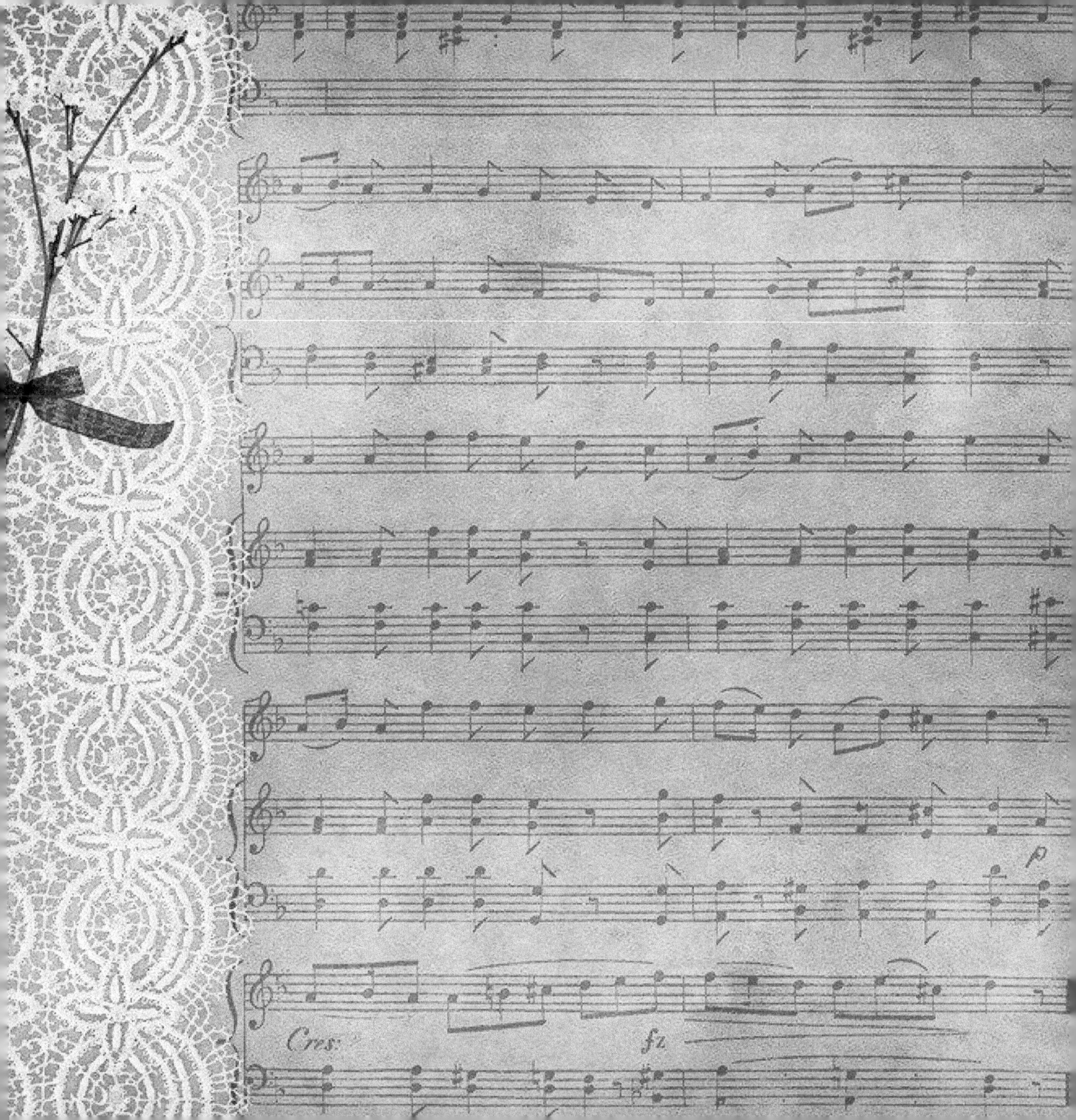

Cres.
fz
p

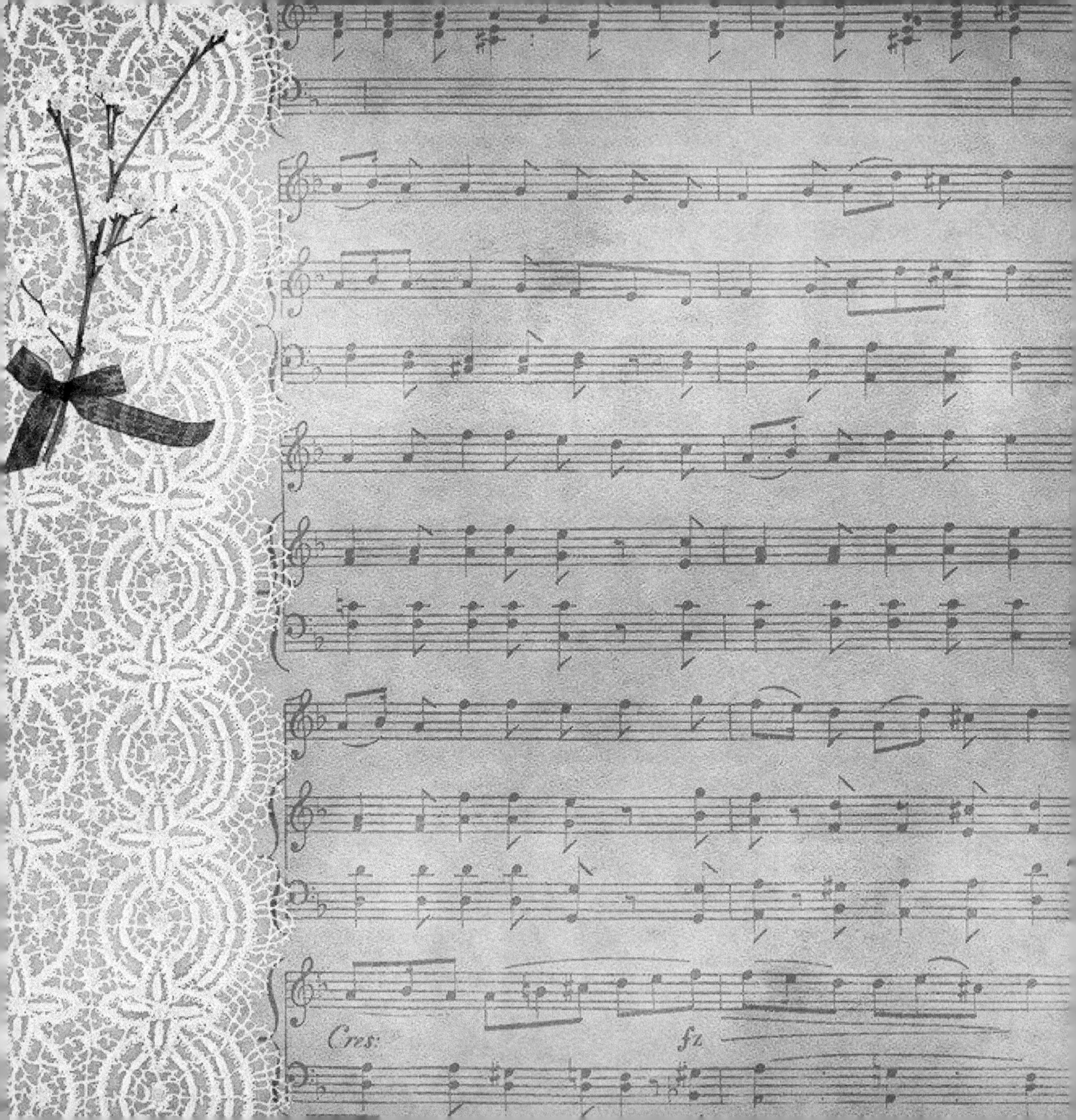

Cres:
fz

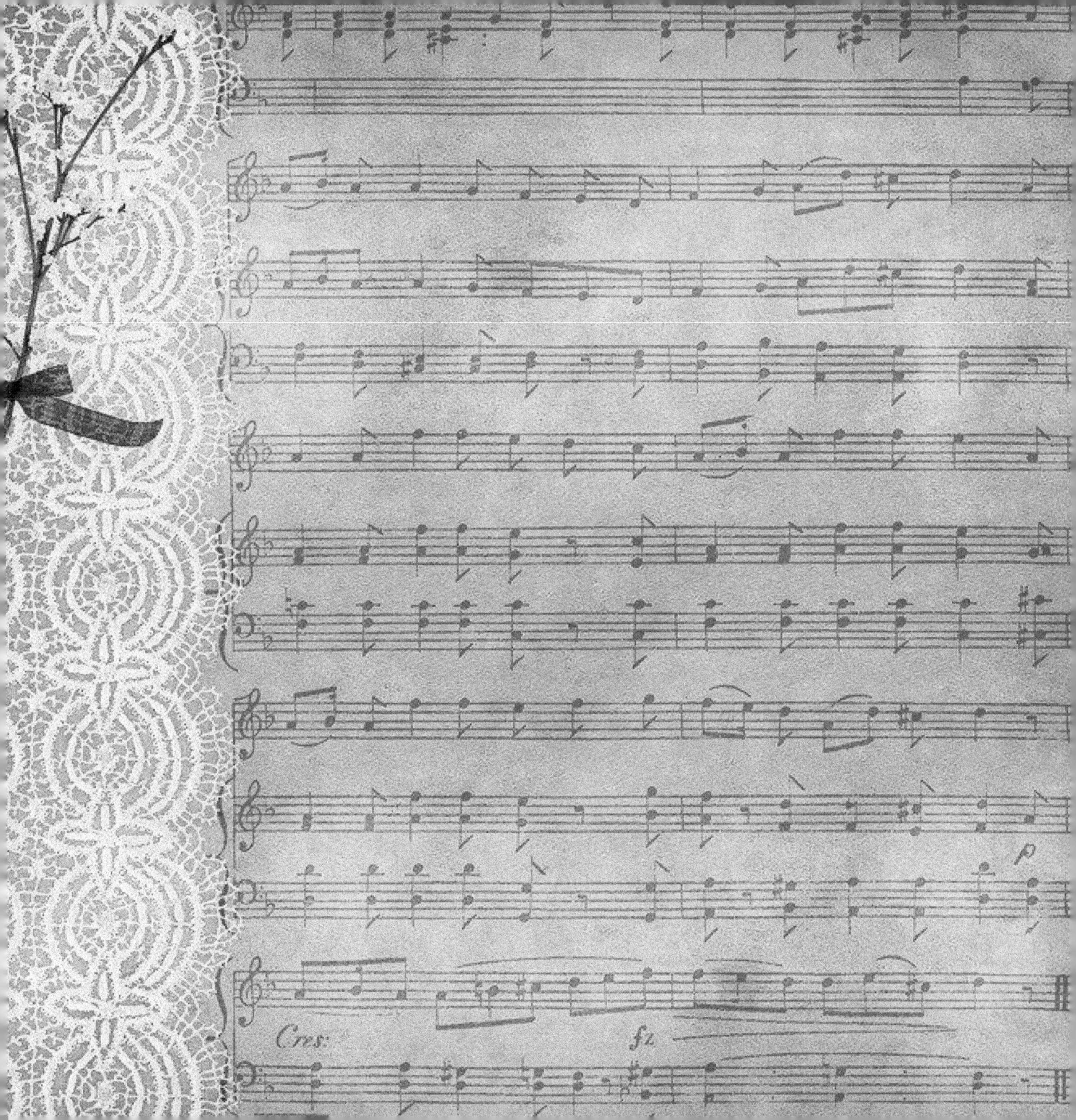

Cres.
fz
p

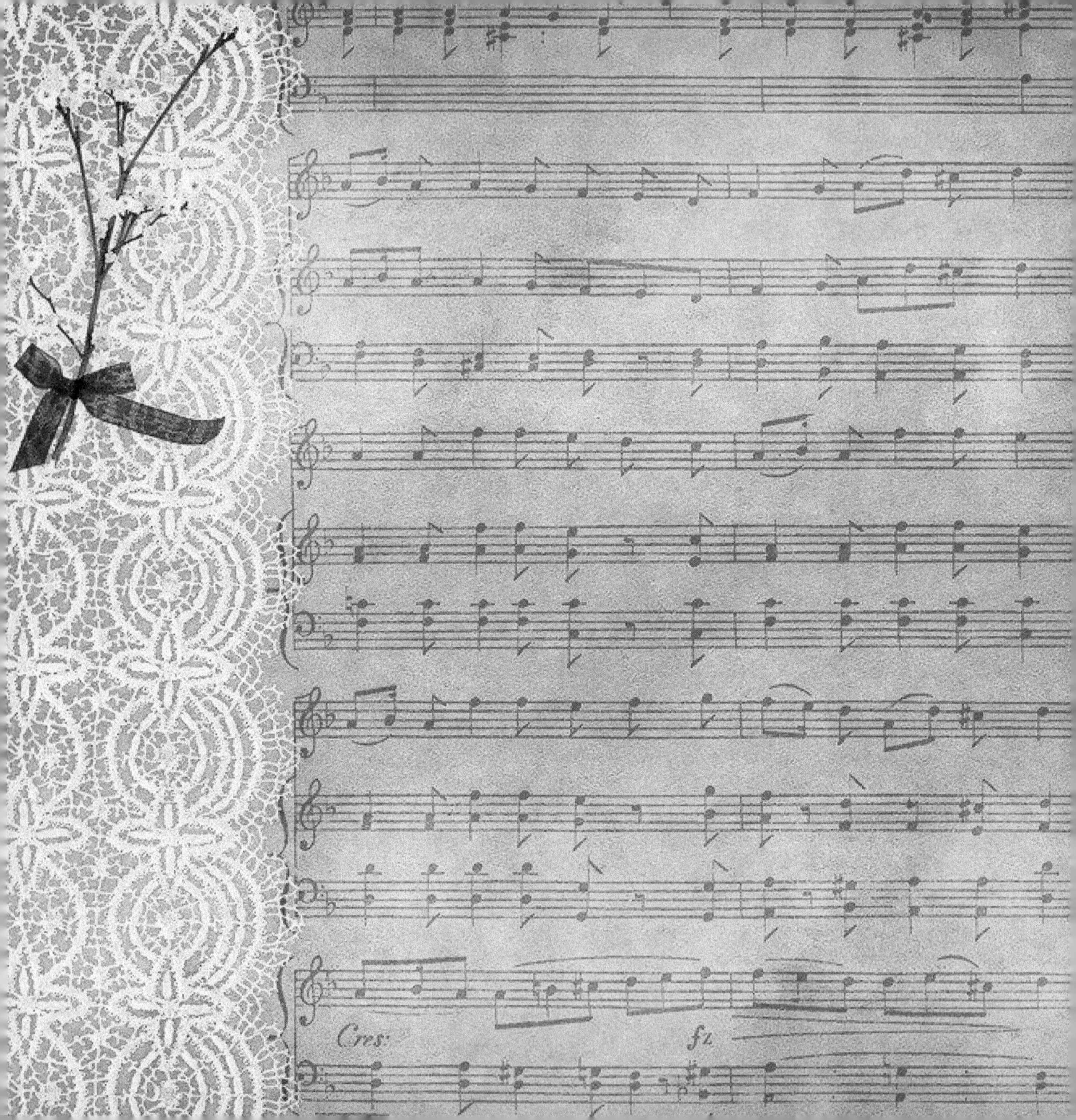

Cres.
fz

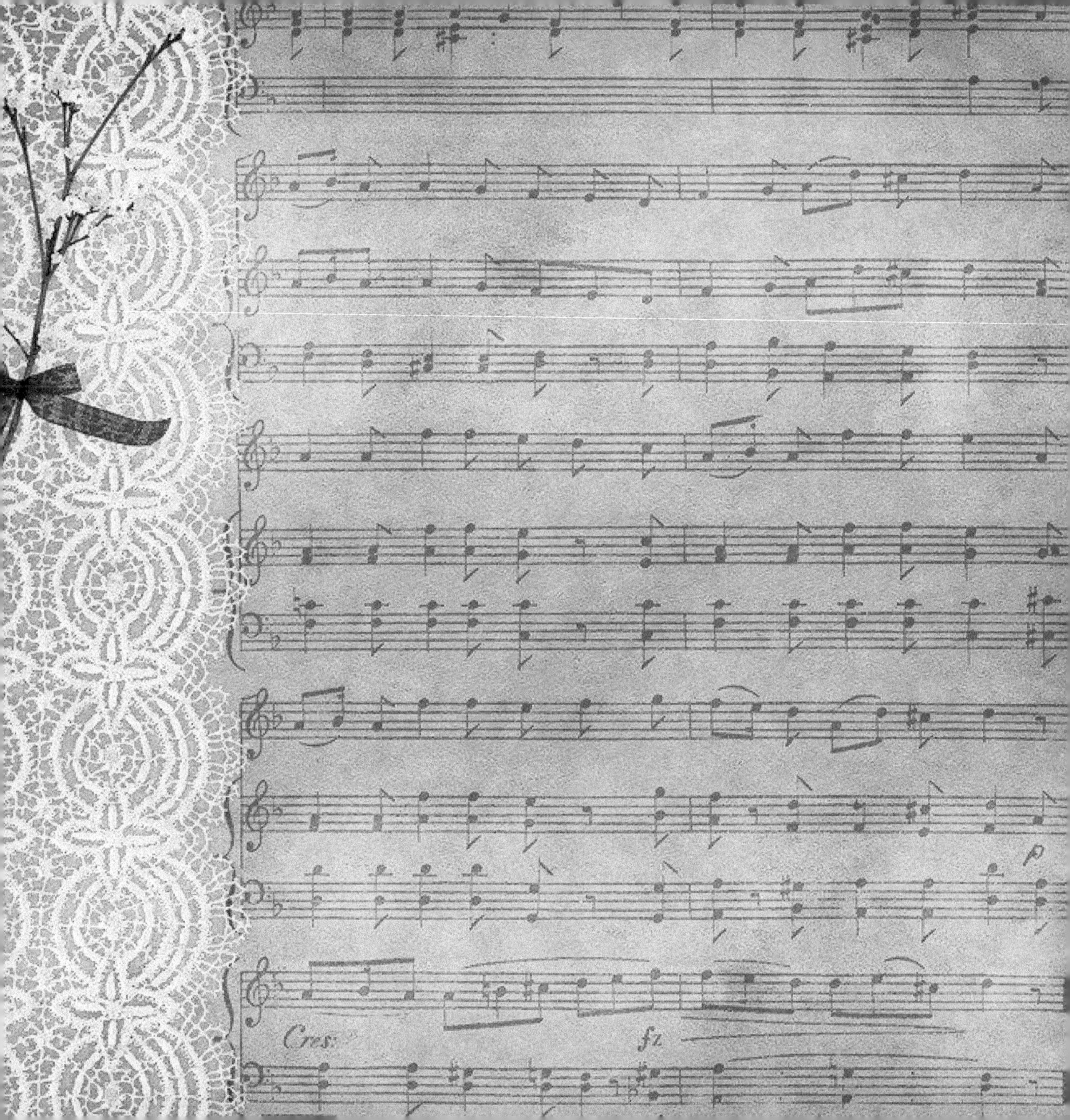

Cres.
fz
p

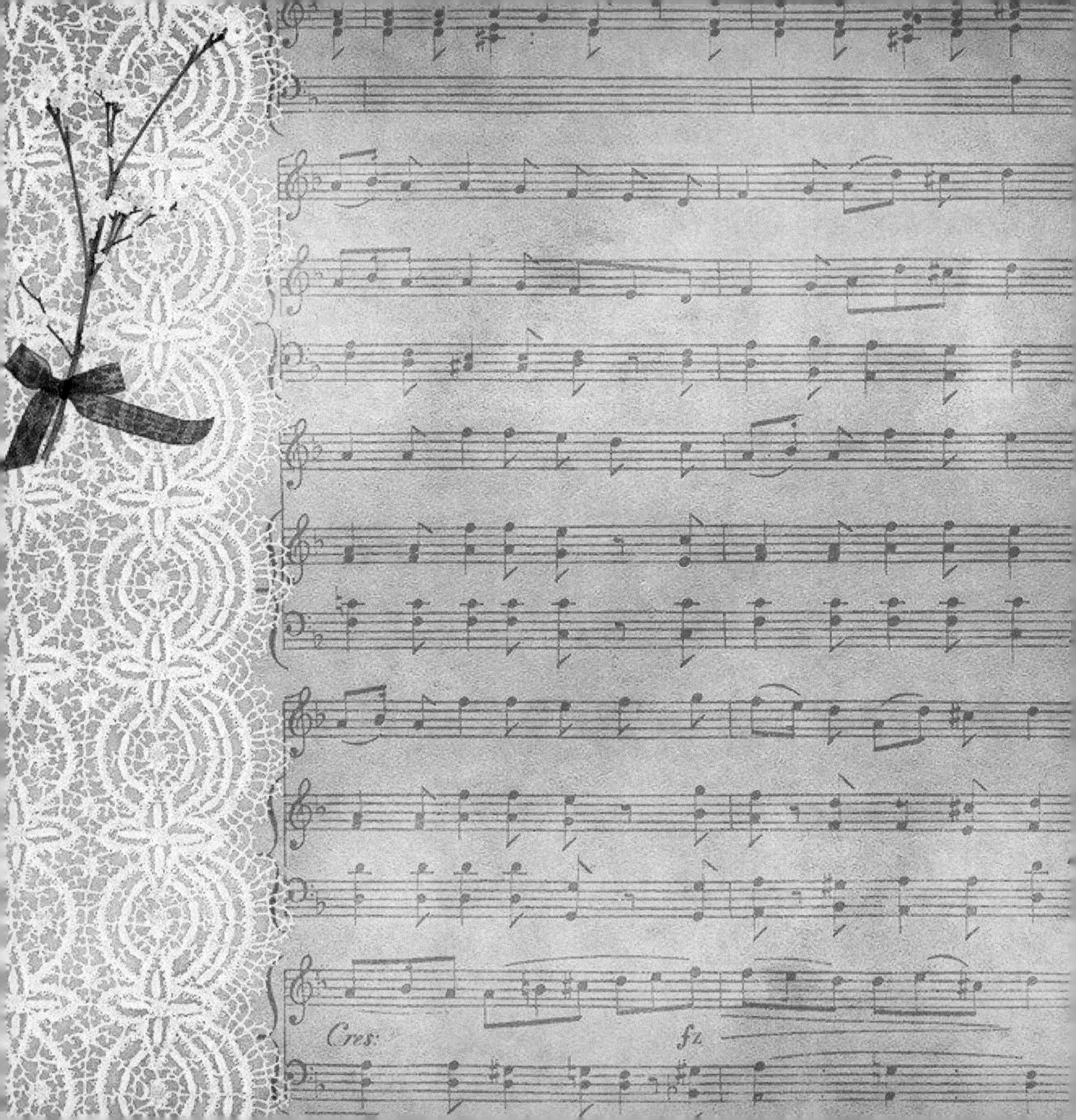

Cres:
fz

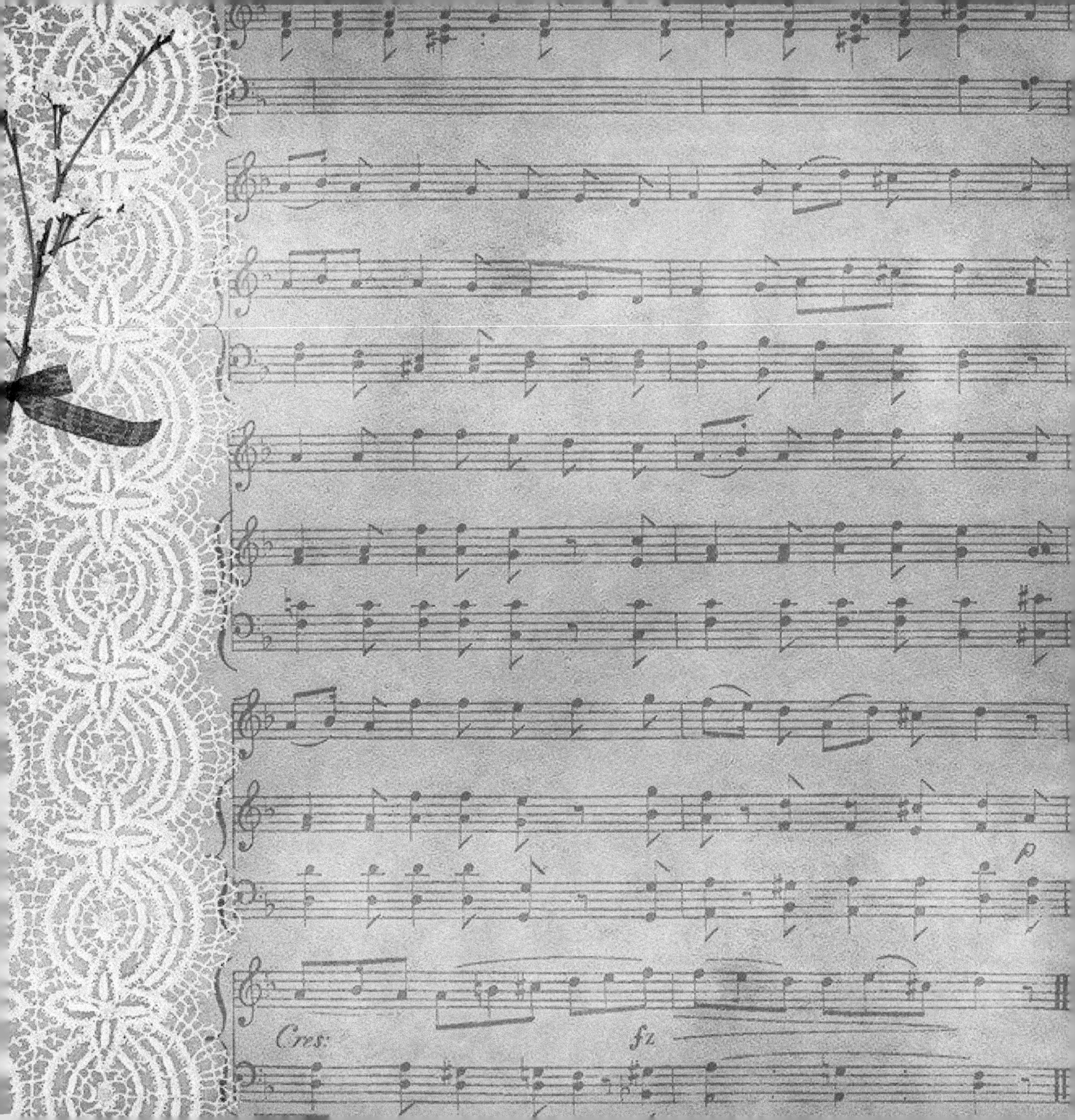
Cres.
fz

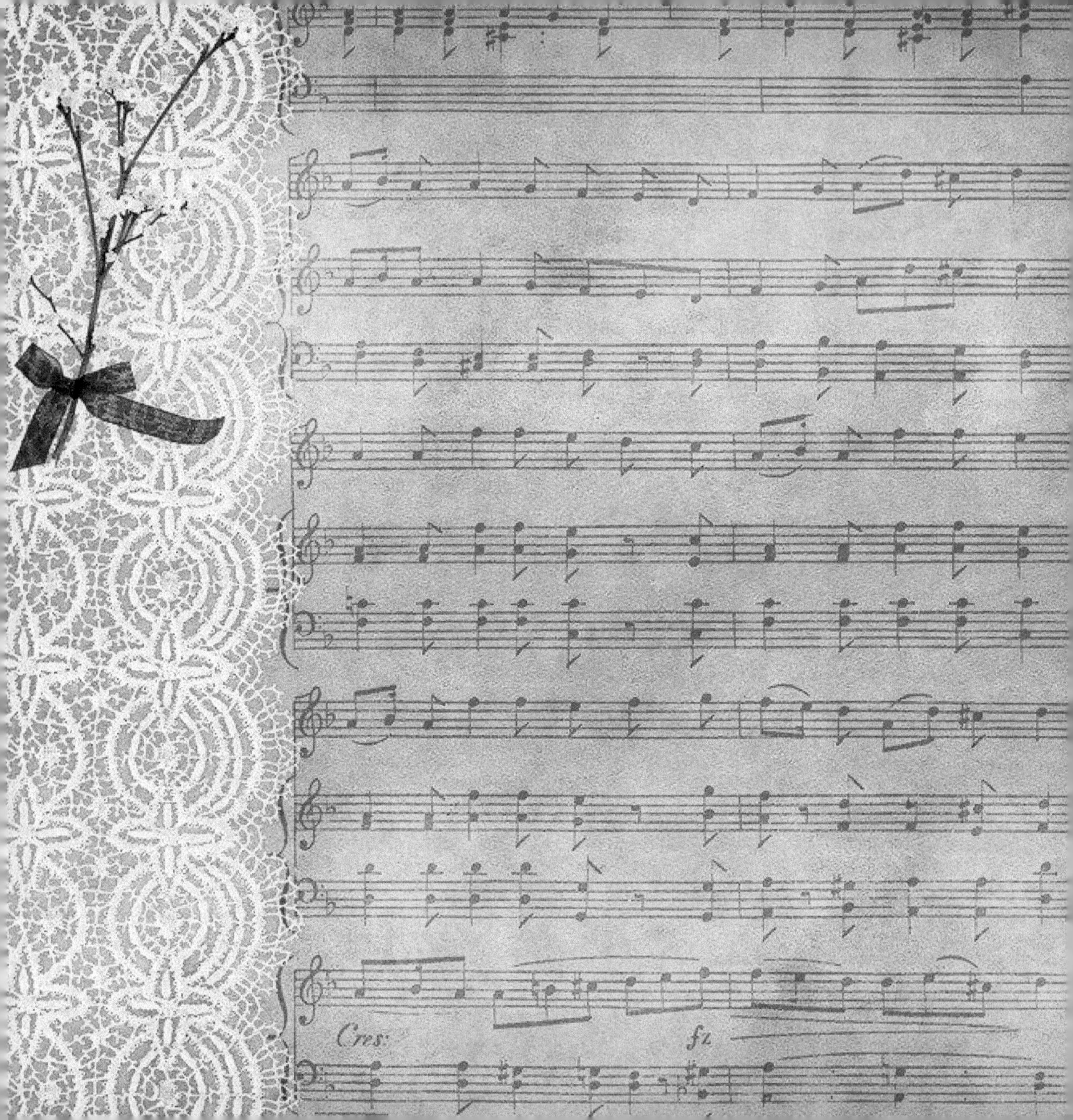

Cres.
fz

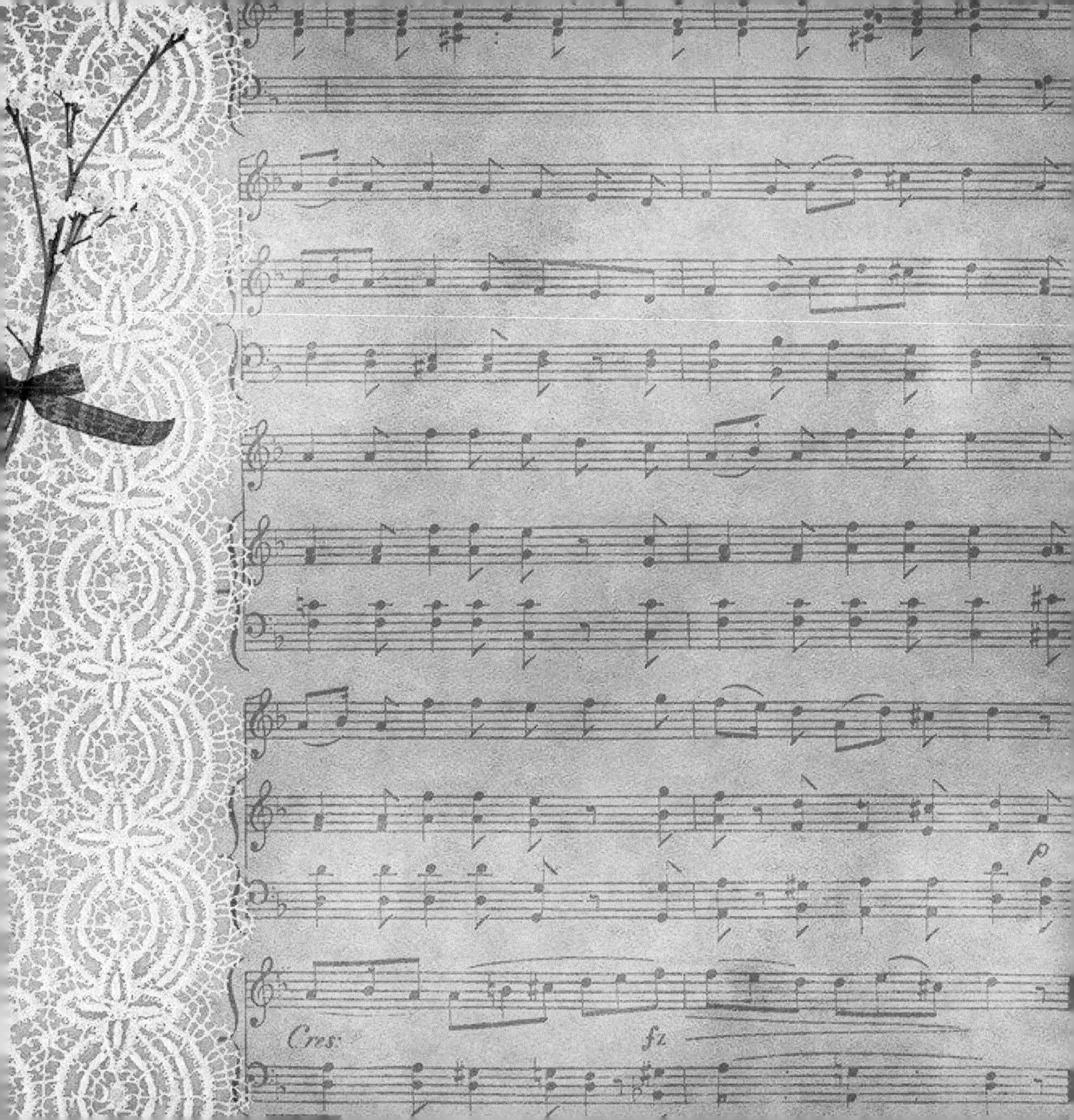

Cres
fz
p

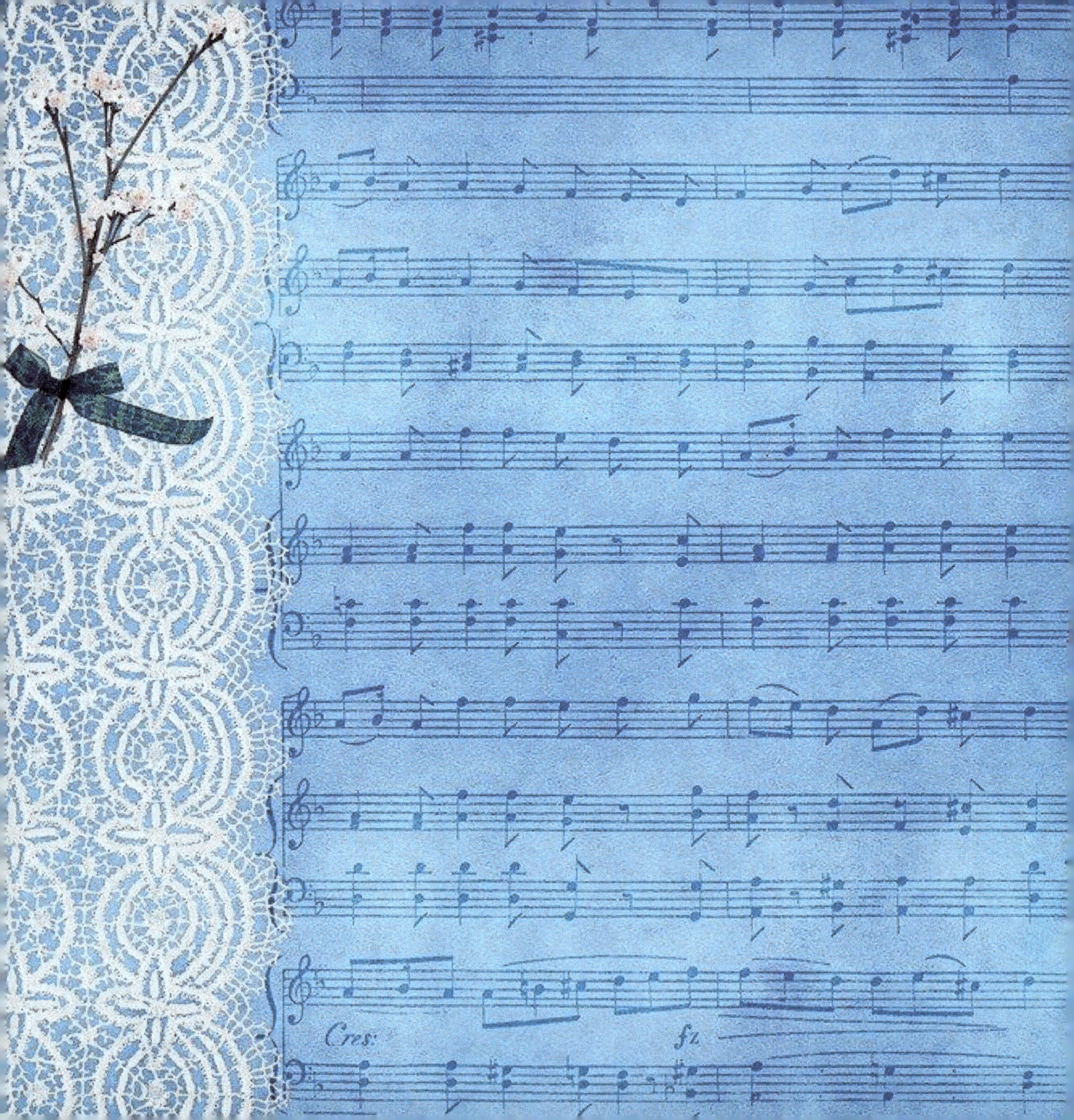
Cres:
fz

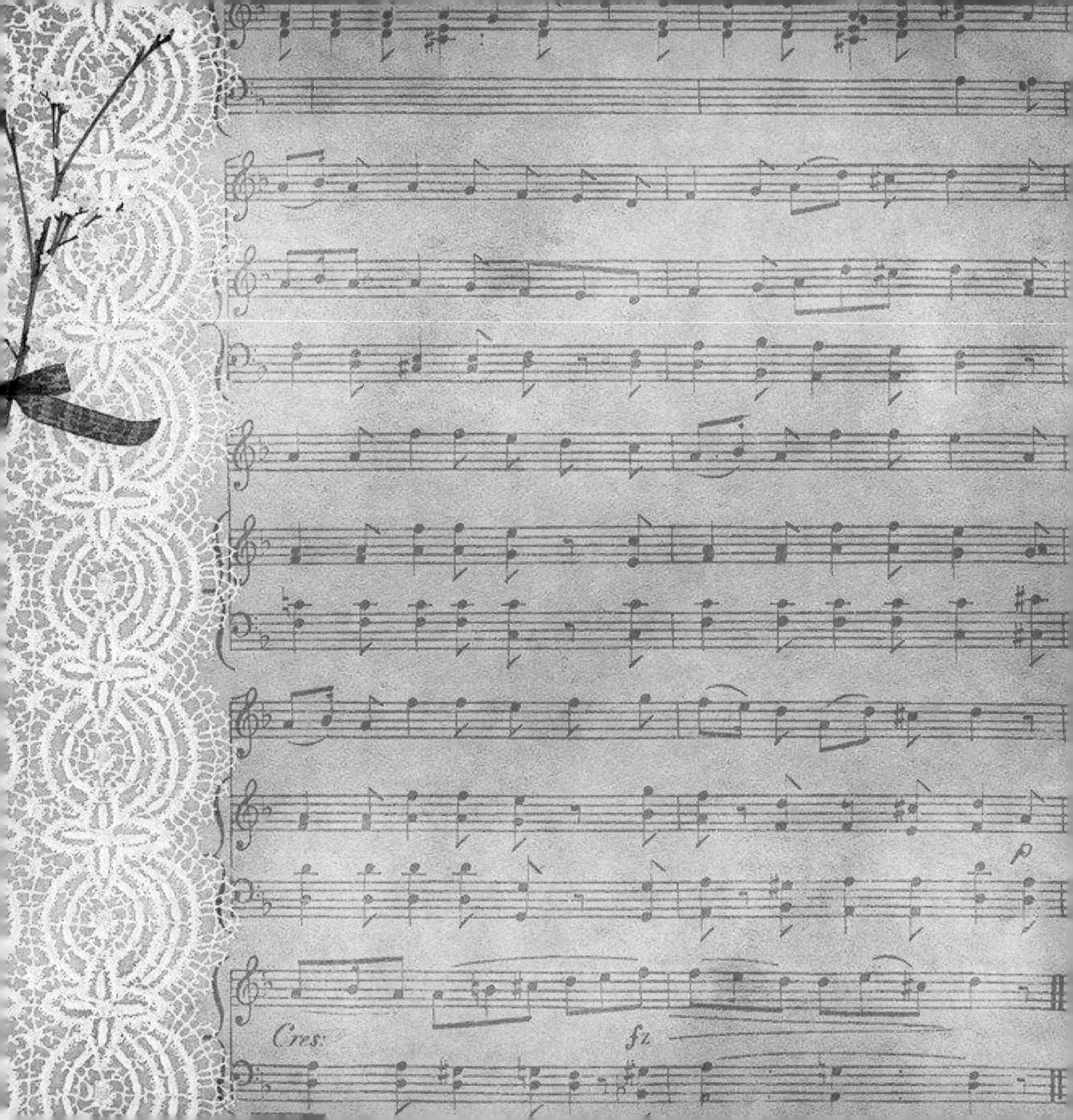

Cres.
fz
p

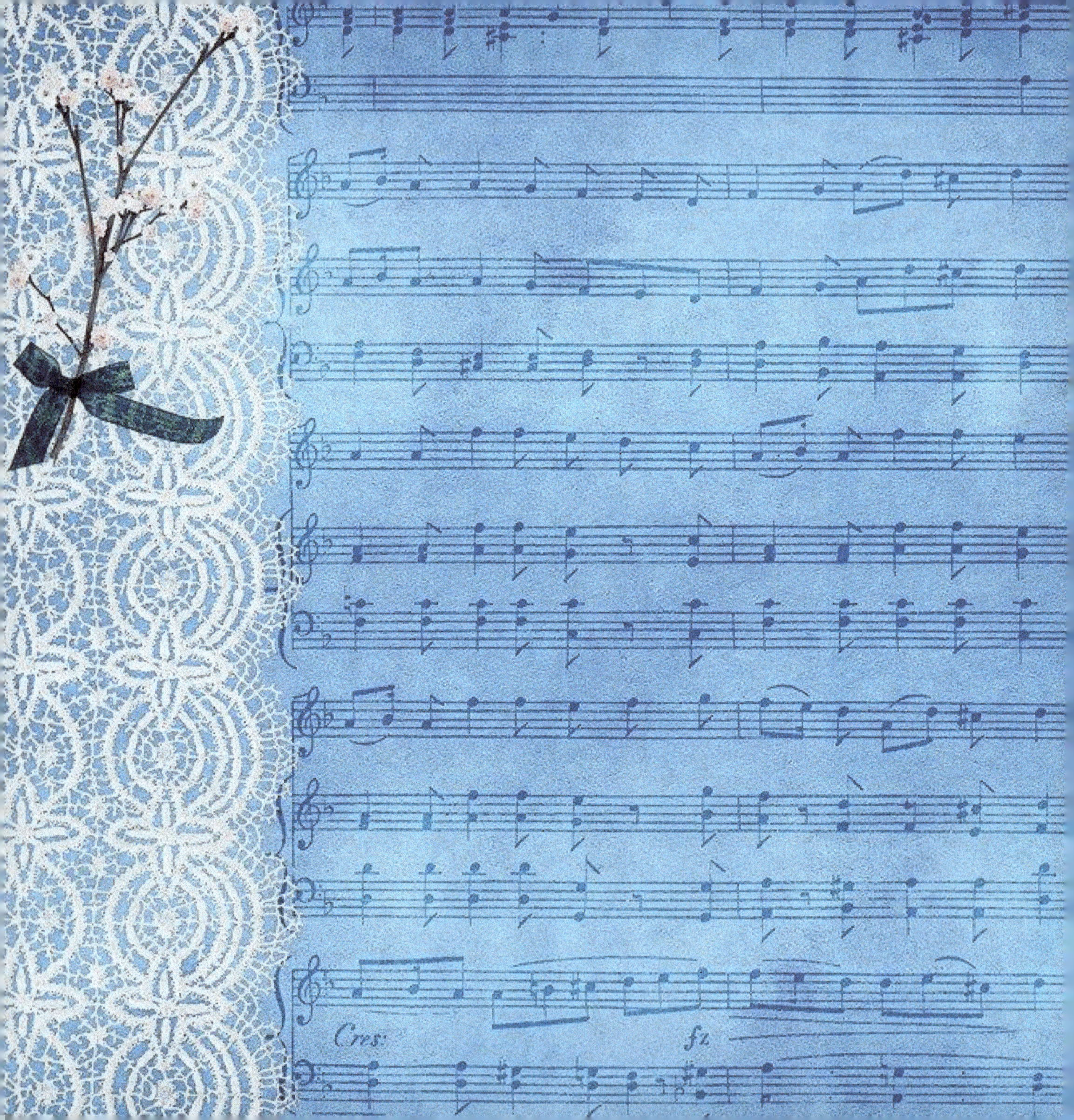

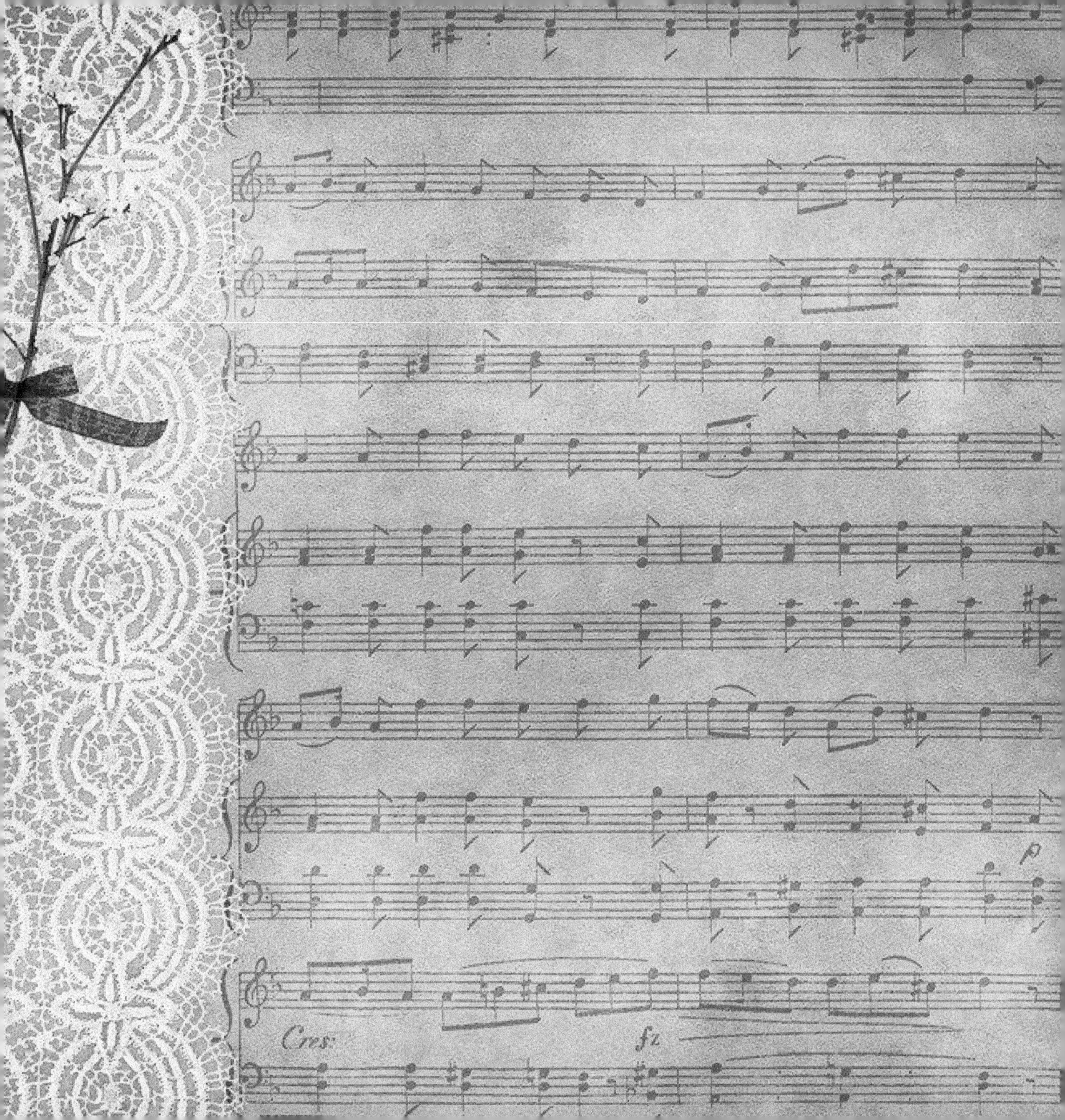

Cres.
fz
p

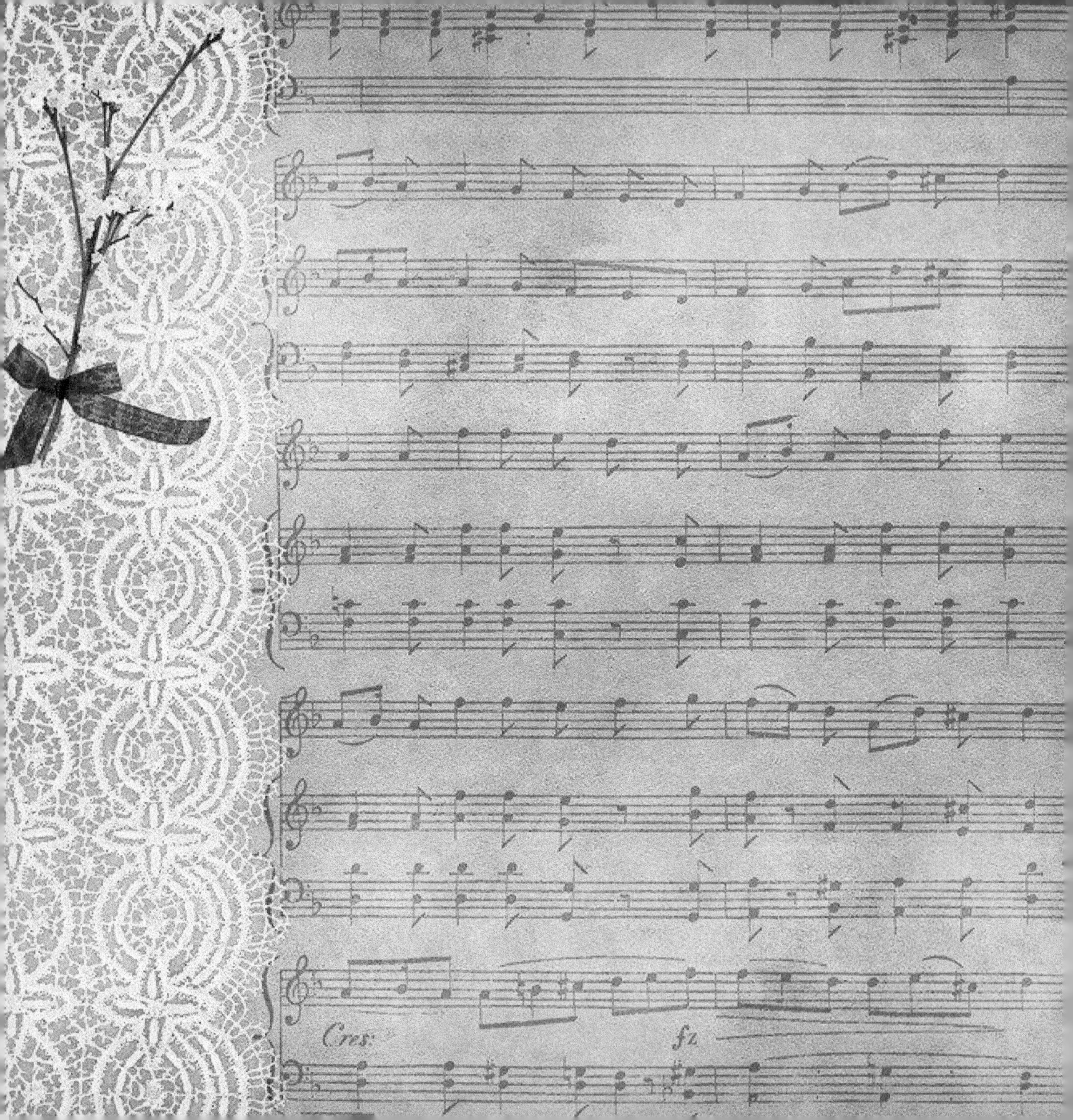

Cres:
fz

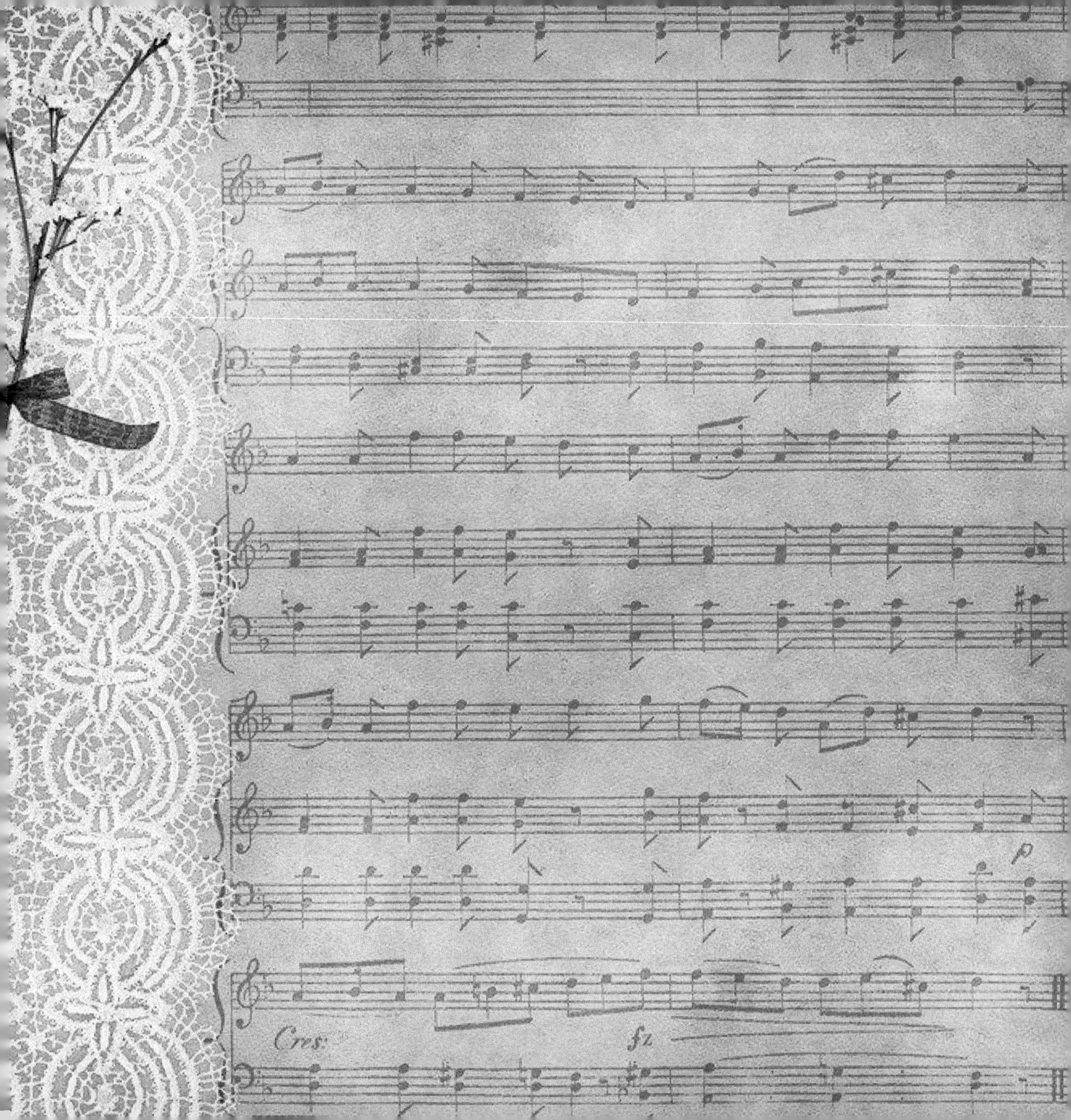

Cres:
fz
p

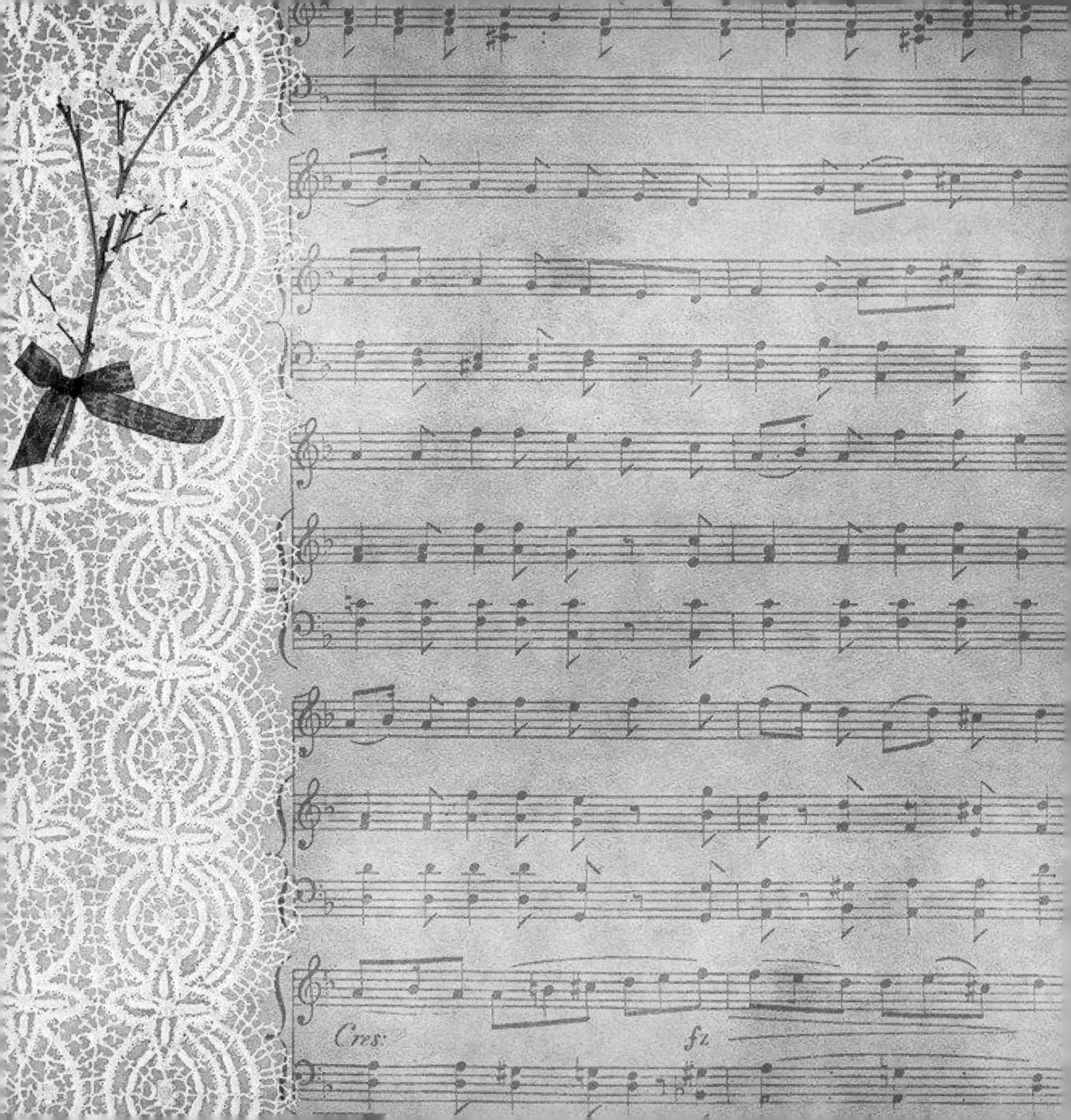

Cres.
fz

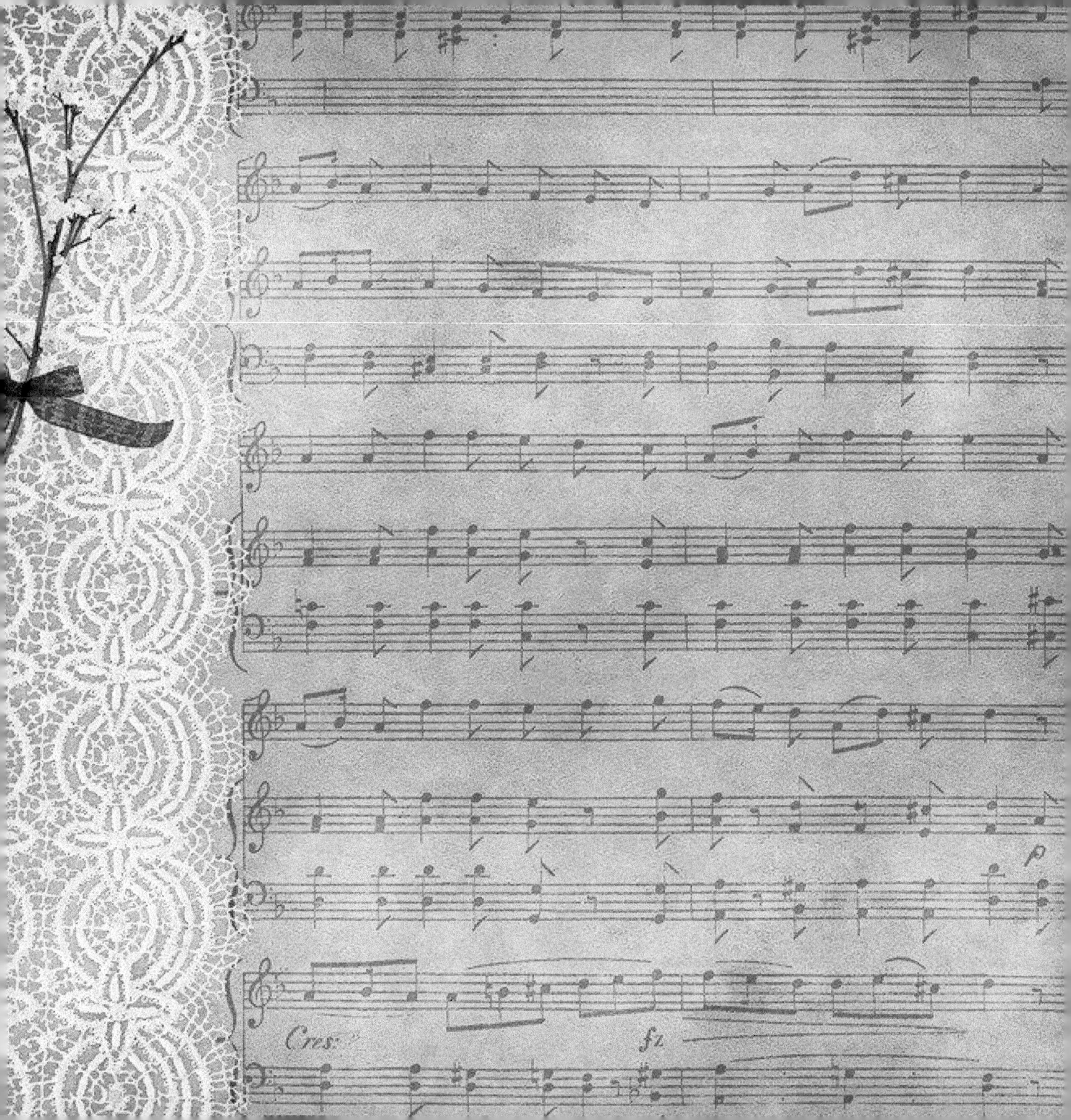

Cres.
fz
p

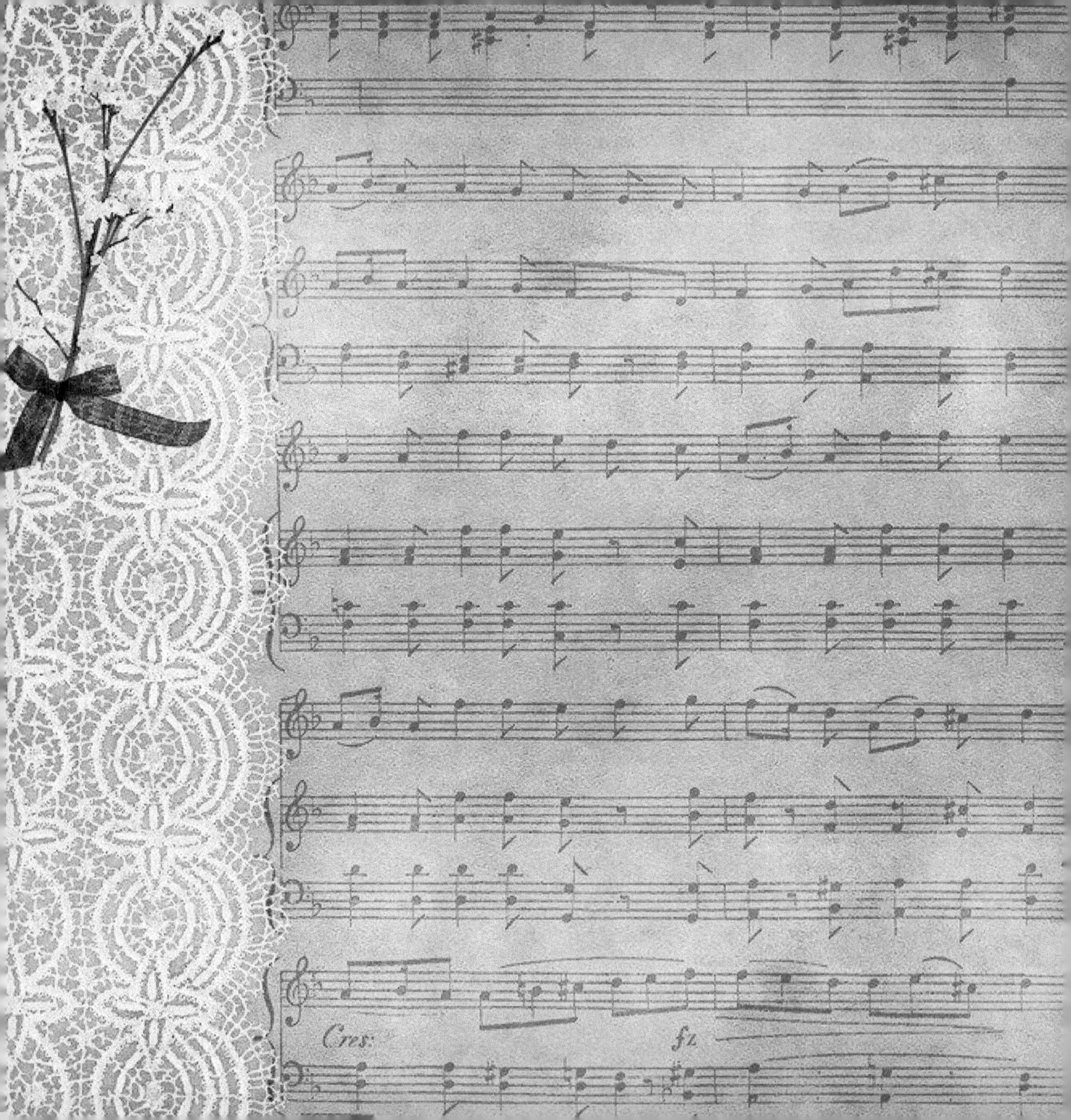

Cres:
fz

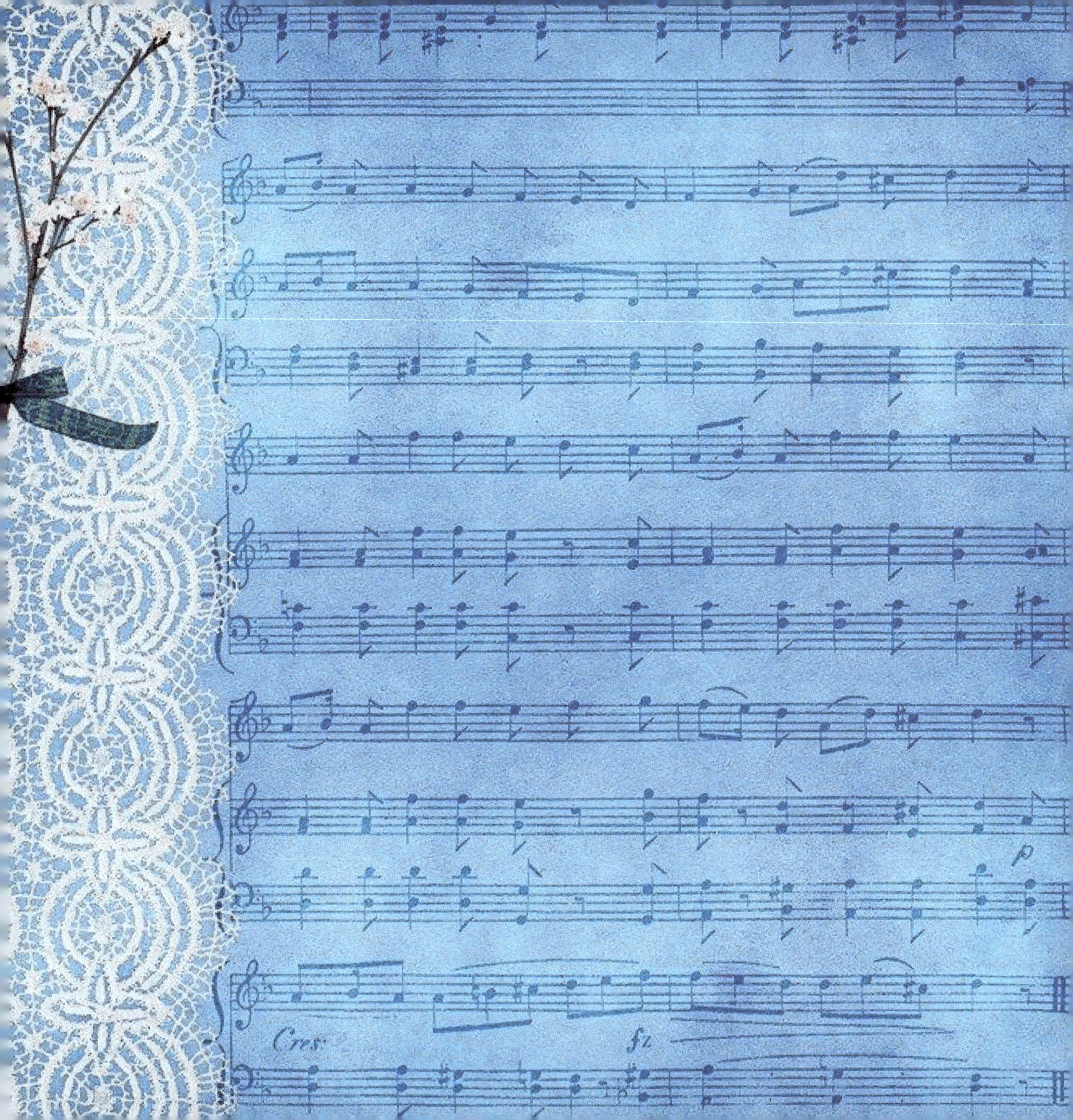

Cres.
fz
p

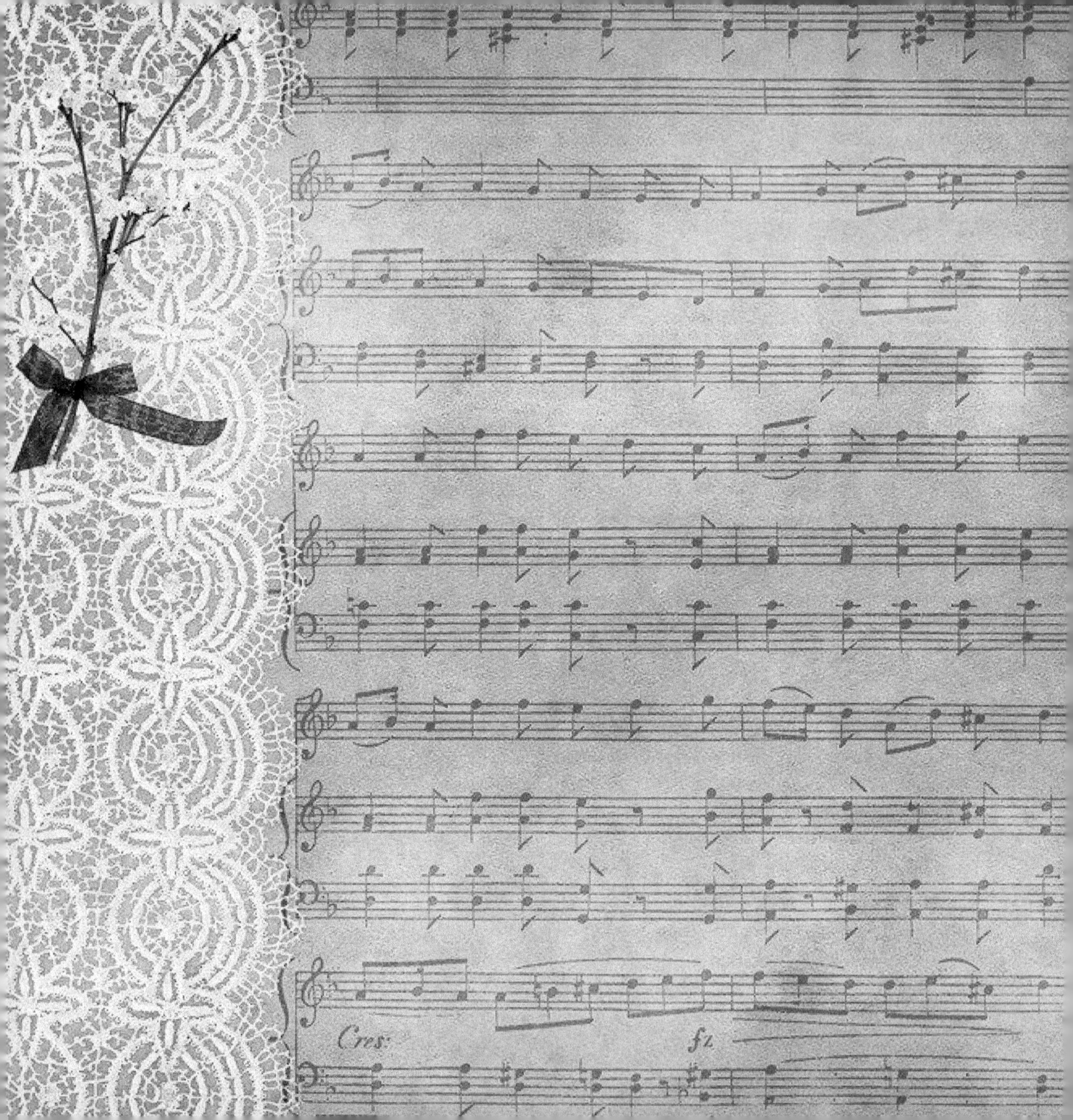

Cres.
fz

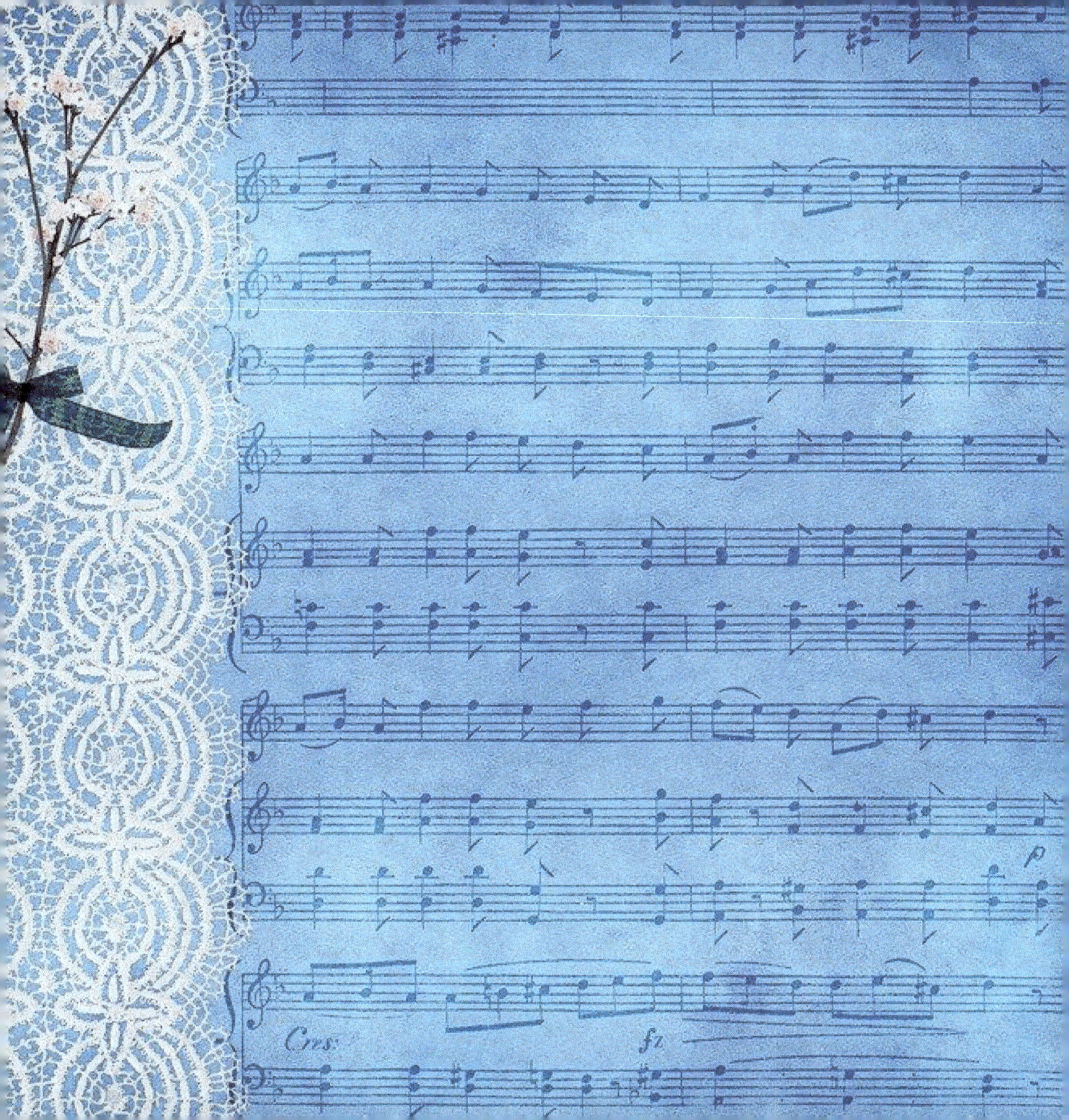

Cres.
fz
p

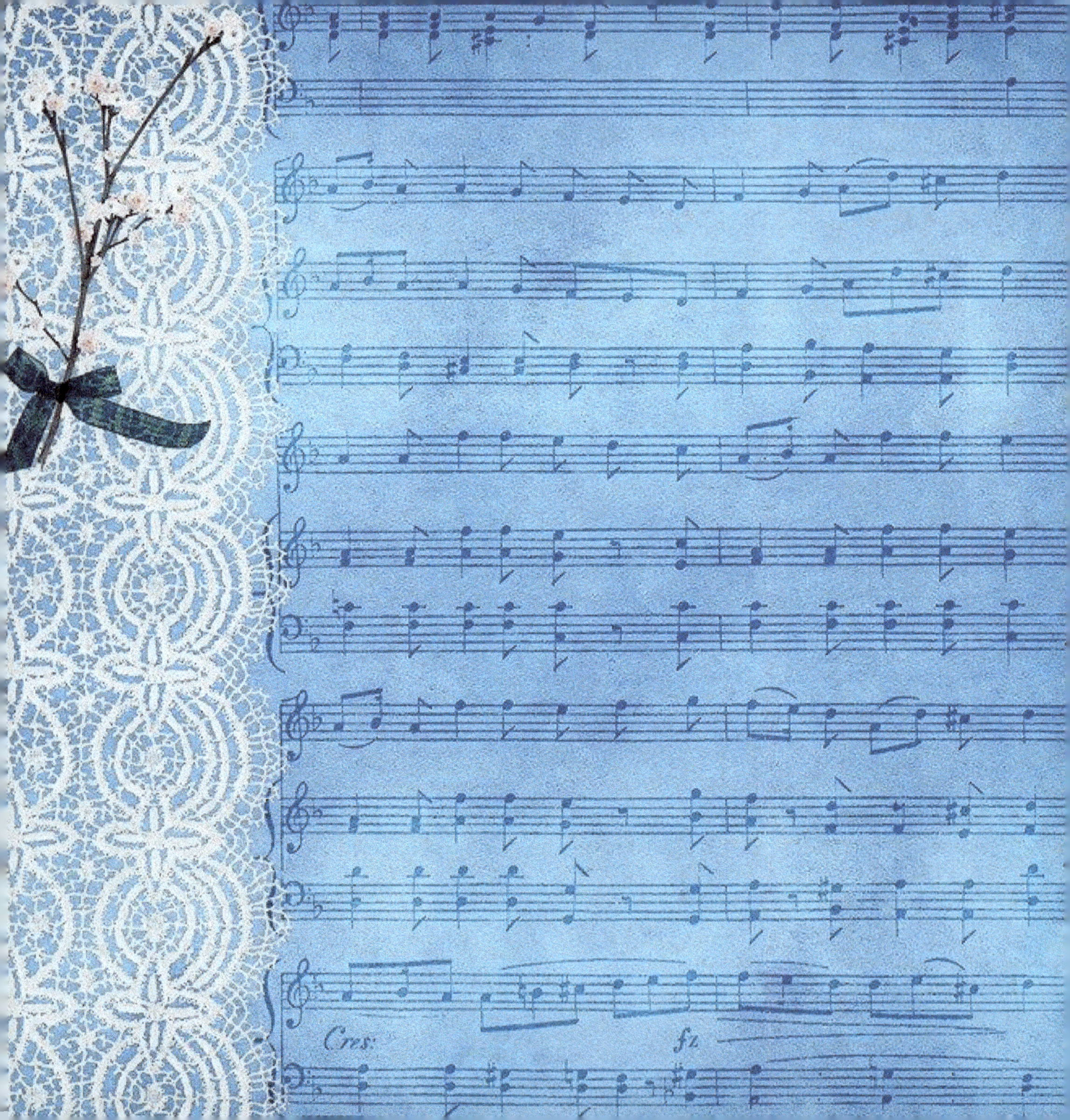

Cres.
fz

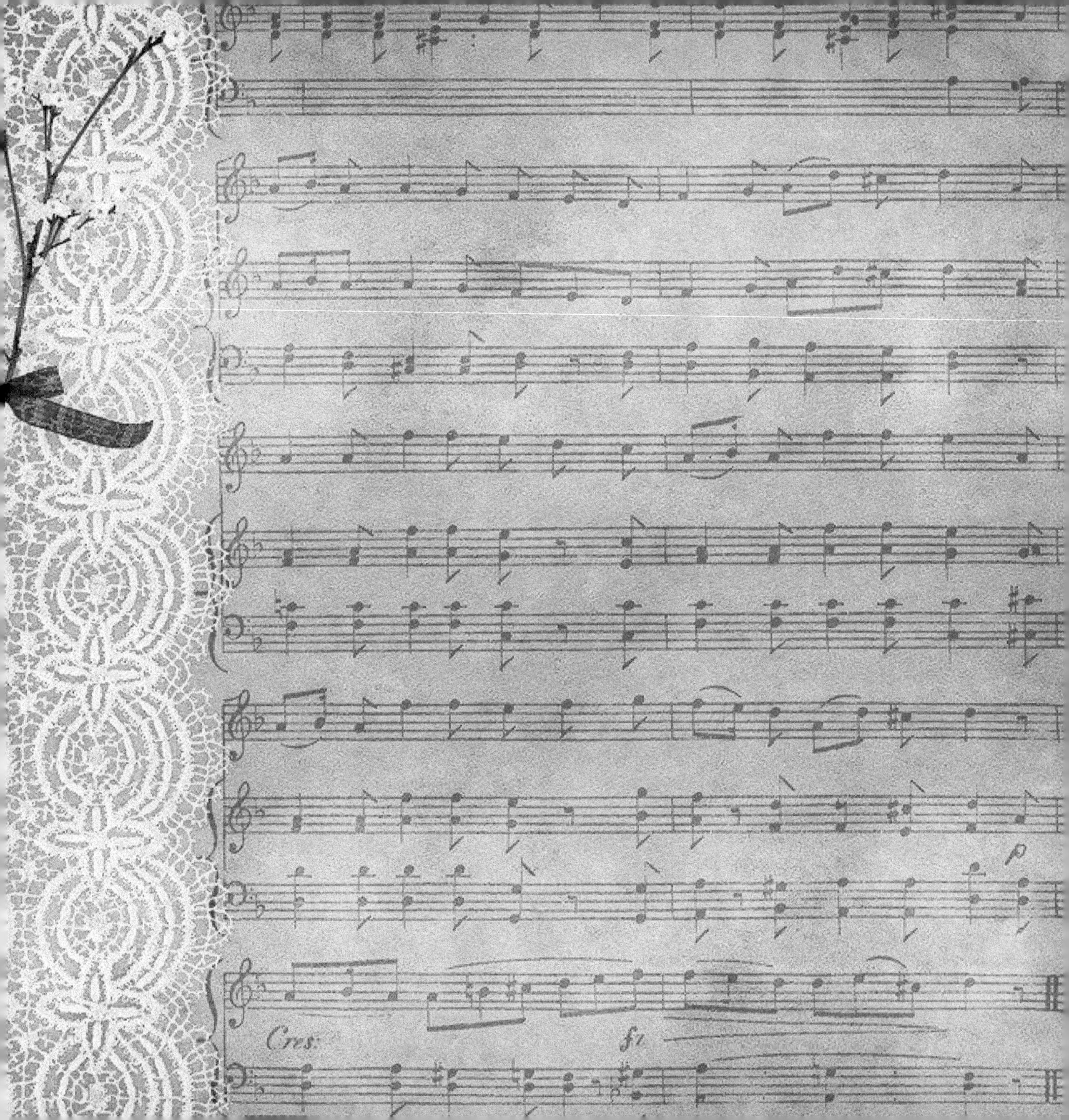

Cres:
fz
p

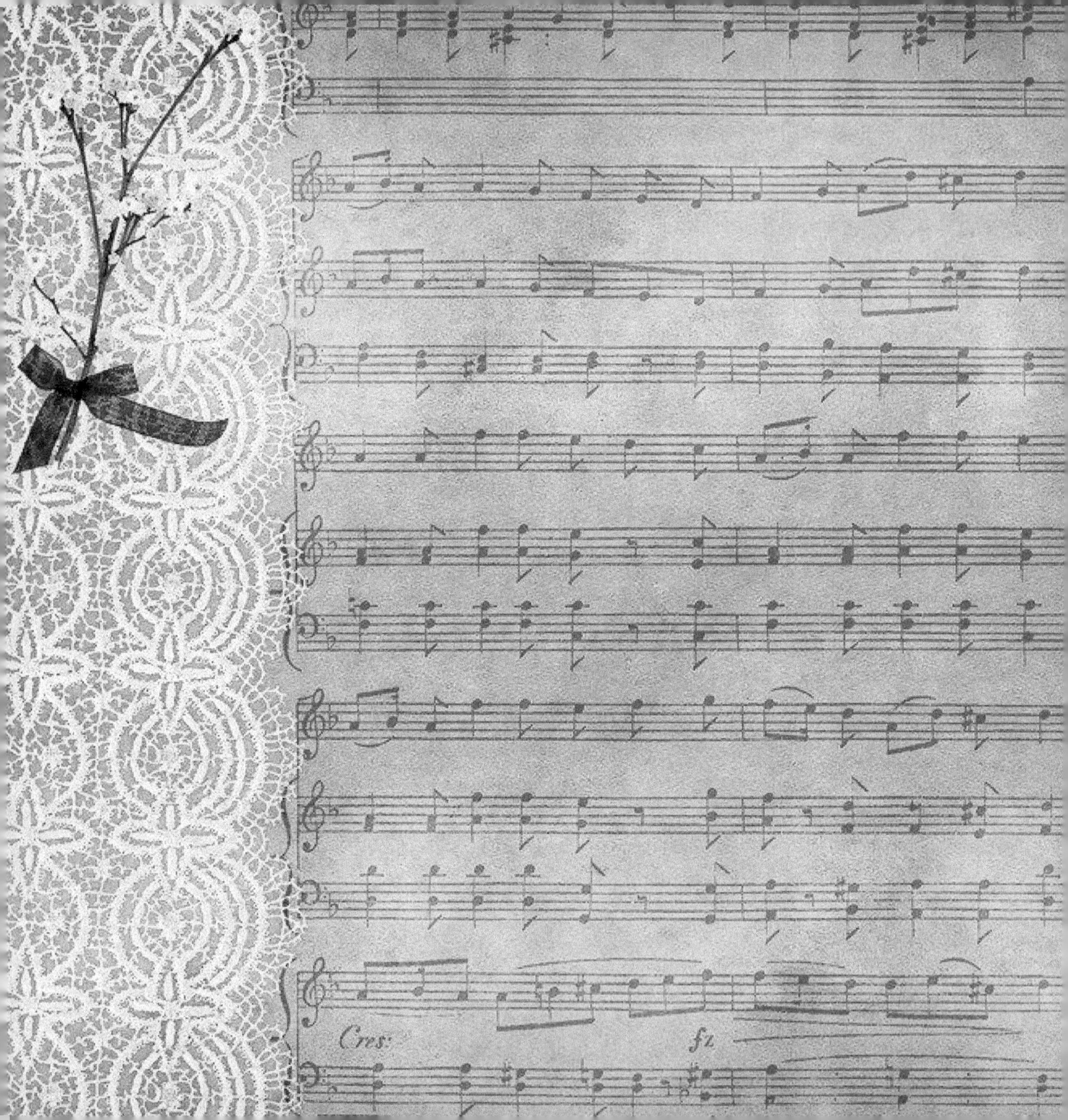

Cres:
fz